浙江省交通运输
科普系列丛书

内河航道探索之旅

NEIHE HANGDAO
TANSUO ZHI LÜ

浙江省交通运输科学研究院　编著

人民交通出版社

北京

图书在版编目（CIP）数据

内河航道探索之旅 / 浙江省交通运输科学研究院编
著 . — 北京：人民交通出版社股份有限公司，2024.
12. — ISBN 978-7-114-19885-4

Ⅰ . U697.31

中国国家版本馆CIP数据核字第 2024BG7342 号

书　　　名：内河航道探索之旅
著　作　者：浙江省交通运输科学研究院
责任编辑：周佳楠　徐　菲
责任校对：龙　雪
责任印制：刘高彤
出版发行：人民交通出版社
地　　　址：（100011）北京市朝阳区安定门外外馆斜街 3 号
网　　　址：http://www.ccpcl.com.cn
销售电话：（010）85285857
总 销 售：人民交通出版社发行部
经　　销：各地新华书店
印　　刷：北京市密东印刷有限公司
开　　本：720×960　1/16
印　　张：4.25
字　　数：30 千
版　　次：2024 年 12 月　第 1 版
印　　次：2024 年 12 月　第 1 次印刷
书　　号：ISBN 978-7-114-19885-4
定　　价：62.00元
（有印刷、装订质量问题的图书，由本社负责调换）

编　写　组

指导单位：浙江省交通运输厅

主编单位：浙江省交通运输科学研究院

顾　　问：李志胜

主　　编：陈世俊

编写人员：陈爱青　郝英君　何　静　谢　宇

　　　　　郑静珍　唐　彧　孙紫腾　余　涛

　　　　　周超杰　贾军伟

核对人员：朱　伟　李　成

前　言

　　远古时期，先民依水而居、编竹为排、凿木为舟，以河流为通道载人移物，近代社会更是以水为载体进行交流、通商、军事活动，逐渐发展出了航道。时至今日，航道依然是经济社会发展中不可或缺的基础设施，并随着时代变化焕发出新的生机。

　　为广泛普及内河航道相关知识，我们编写了这本科普读物，希望帮助大家初步认识内河航道，增强水上交通安全意识，共同参与航道的保护与发展。

　　本书编写过程中，力求严谨细致、通俗易懂、图文并茂，限于编者水平，疏漏之处在所难免，望广大读者批评指正。

编　者

2024年10月

目录

知识篇

我国主要的交通运输方式有公路、铁路、水路、航空、管道等。其中，水路运输包括内河运输、沿海运输、近洋运输、远洋运输，而内河航道为内河运输提供基础的运输条件。让我们一起通过本篇内容来了解内河航道的基本知识吧！

1. 什么是内河航道?

　　每天出门，我们都会看到车辆在道路上行驶。其实，内河船舶也有属于自己的水上之路——内河航道，它就是指在江河、湖泊等内陆水域中为船舶航行所规定或设置的通道。按照形成原因，内河航道又可以分为天然航道和人工航道。

内河航道

天然航道是自然形成的河流、湖泊等水域中的航道，利用天然水域为船舶提供通行条件。

天然航道

小贴士：浙江省的钱塘江、瓯江是天然航道的典型代表。世界上著名的天然航道还有我国的长江、美国的密西西比河、西欧的莱茵河、俄罗斯的伏加尔河等。

人工航道，顾名思义就是陆地上人工修筑的航道，包括在地面以下开挖的运河和在地面以上修筑的渠道。

人工航道

2. 古人是如何开挖航道的?

　　人类开挖航道历史悠久，古代人民巧妙地利用江河湖泊的自然条件和水流的自然规律，就地度量，用锄头挖、用肩膀抬，一点一点开凿出古老的航道。

古代人工开挖航道场景

　　小贴士：京杭大运河始凿于春秋末期。隋朝隋炀帝时期，京杭大运河开凿贯通并大幅度扩修改建至洛阳，且沟通涿郡（今北京西南）；元朝翻修时，弃洛阳而取直至北京。京杭大运河开凿至今已有2500多年的历史。2014年，中国"大运河"（包括京杭大运河、浙东大运河和隋唐大运河三个部分）在第38届世界遗产大会上获准列入世界遗产名录。

3. 今人是如何开挖航道的?

　　随着科学技术的发展，人类研制出各种大型化、自动化的机械设备来提高航道建设的效率与质量。航道陆上土方开挖通常采用挖掘机挖土、自卸汽车运土，航道水下土方开挖通常用挖泥船清除泥沙。

绞吸式挖泥船疏浚航道

　　小贴士：挖泥船根据所采用的动力可分为三类：一是机械式挖泥船，主要利用各种挖掘机械进行水下泥沙的挖掘和运输。二是水力式挖泥船，利用水的能量来完成疏浚工作。三是气动式挖泥船，以压缩的空气为输送介质，将水下泥沙吸入、提升和排除，从而达到疏浚目的。

4. 内河航道等级如何划分?

我国内河航道按可通航内河船舶的吨级划分为七个等级。

航道等级划分表

航道等级	I	II	III	IV	V	VI	VII
船舶吨级（吨）	3000	2000	1000	500	300	100	50

注：1. 船舶吨级按船舶设计载重吨确定；
2. 表中吨级包括本身及以上。

对于运河航道来说，按照可通航船舶的吨级可划分为五级。为什么运河航道只有五级呢？这是因为六级和七级航道运量小、效率低，所以不作为运河航道等级。

运河航道等级划分表

航道等级	I	II	III	IV	V
船舶吨级（吨）	3000	2000	1000	500	300

注：1. 船舶吨级按船舶设计载重吨确定；
2. 表中吨级包括本身及以上。

小贴士：航道等级划分有利于充分利用航道自然资源，指导船舶选择、确保通行安全，我们要科学合理做好航道建设、养护、保护等工作。

5. 什么是航道尺度?

为保证船舶在航道上正常安全航行，航道需要满足一定的尺度。航道尺度包括航道的水深、宽度和弯曲半径。

如果航道水深不足，则船舶容易发生触底或搁浅。

航道水深不足，船舶搁浅

如果航道宽度或者弯曲半径不足，则会导致船舶触岸。

航道弯曲半径不足，船舶触岸

小贴士：为保证航行安全和维持一定的运输效益，内河航道尺度规定了最小值作为航道建设、船舶建造和航线选择的依据。如浙江省内河Ⅲ级航道尺度的最低标准为水深3.2米、底宽45米、弯曲半径280米。

6. 全国内河航道里程有多长？

我国河道纵横，水运资源丰富。截至2022年末，全国内河航道通航里程为12.80万公里。主要分布在长江、淮河、珠江、黑龙江等水系。其中，长江水系6.4818万公里，约占全国内河航道通航里程的一半。

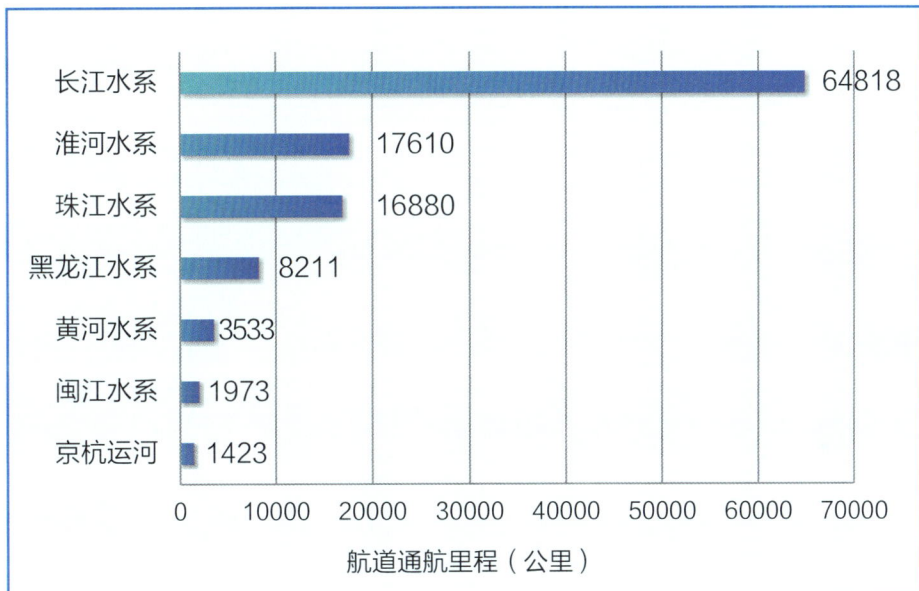

2022年全国主要水系内河航道通航里程

注：数据来源见《2022年交通运输行业发展统计公报》。图中各水系通航里程总和为11.4448万公里，此处不含其他水系的数据。

小贴士：长江发源于青海省西南部青藏高原的唐古拉山脉，干流流经青海、四川、西藏、云南、重庆、湖北、湖南、江西、安徽、江苏、上海共11个省级行政区，最终在崇明岛以东注入东海，全长6300余公里。它是我国长度最长、水量最大、流域面积最广的河流，也是世界上内河运输最繁忙、运量最大的"黄金水道"。

7. 为什么说浙江省是航道大省?

浙江省以江为名，依水而生，缘水而兴，因水而美。2023年，全省内河航道通航总里程9787公里。内河航道北部成网、南部成线，20条骨干航道构成四通八达的骨干航道网格局，内陆地市全部实现通江达海，通航里程位居全国第五。

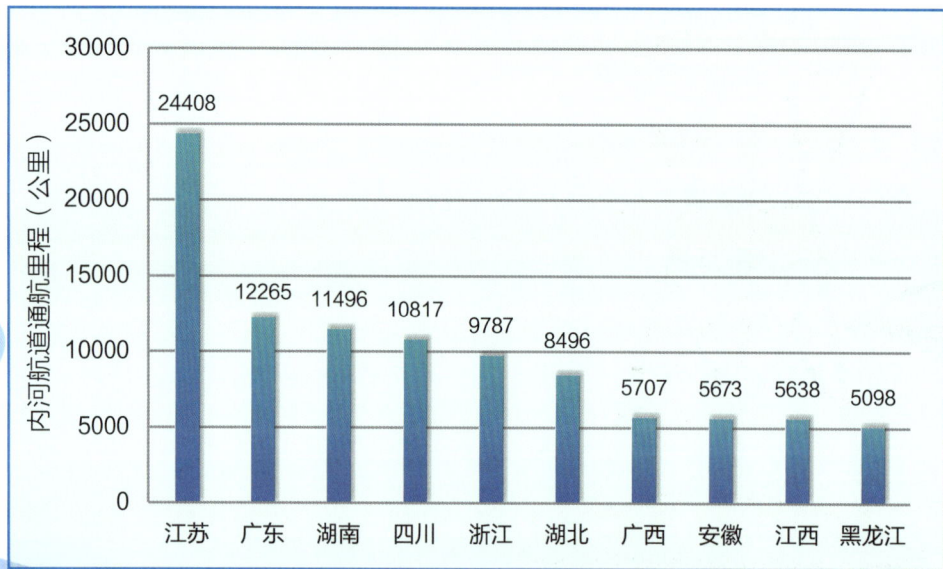

2023年内河航道通航里程排名前十省级行政区

小贴士: 浙江省内河20条骨干航道分别为: 京杭运河、长湖申线、杭申线、湖嘉申线、乍嘉苏线、杭平申线、杭甬运河、钱塘江、东宗线、杭湖锡线、梅湖线、东苕溪、新安江、芦墟塘、嘉于线、瓯江、椒江、浦阳江、曹娥江、奉化江。

设施篇

当船舶在航道上行驶时，可以看到航道沿线设置了众多设施，如码头、航标、锚地、水上服务区、通航建筑物、整治建筑物等，这些设施各自扮演着不同的角色，共同为船舶提供必要的支持和服务。下面就让我们一起了解一下这些设施吧！

8. 码头

在繁忙的航道上，船舶如织，穿梭不息。或许您会好奇，这些船舶从哪里启程，又将驶向何方？为了达到水路运输的目的，人们在航道上专门建设了各式各样的码头，使船舶往来有了"归宿"。

货运码头主要用于货物装卸，通常配有港口起重机、堆高机、叉车、拖车等机械设备。

货运码头

客运码头主要用于乘客出行，通常设有等候厅、售票处、候船区和登船口等设施，可为乘客提供舒适的候船环境和便捷的上下船服务。

客运码头

🔊 **小贴士**：近年来，浙江省大力推进美丽渡运创建工作，改善航道两岸的渡口渡埠条件，让涉渡地区群众都能"坐上舒心船，搭上平安渡"。

9. 航标

在道路上行驶时，我们依靠路上的交通信号灯、交通标志标线来实现安全有序通行。其实，航道上也设立了许多助航标志（简称"航标"）来帮助船舶安全行驶。航标种类繁多，按工作原理划分，有视觉航标、音响航标、无线电航标和虚拟航标。

视觉航标

视觉航标是供航行人员直接目视观测的固定或浮动的航标。通常用其标身的形状、颜色、顶标供船员白昼观察，用灯光颜色、灯光节奏作为夜间识别的特征。常见的视觉航标有灯塔、灯桩、浮标、灯船等。

灯塔

音响航标

　　音响航标是用声音传递信息以引起航行人员注意的助航设施。在能见度不良的天气，音响航标发出具有一定识别特征的音响信号，使船舶知道其大致方位，起到警告作用。

音响航标

无线电航标和虚拟航标

在科技发达的今天，航标正在走向信息化、数字化和虚拟化，如无线电航标和虚拟航标。无线电航标是以无线电波传送信息供船舶测定船位和导航的助航标志，虚拟航标是能在航行人员的导助航系统中显示的没有实物的数字化信息。

无线电航标

10. 锚地

锚地类似于汽车的停车场，是供船舶在水上抛锚时安全停泊、避风防台、等待检验引航、从事水上过驳、编解船队及其他作业的水域。锚地可以设在航道两岸水深适宜，水底平坦，锚抓力好且风、浪、流较小的水域。

锚地

🔊 **小贴士**：船舶在锚地的停泊方式有两种：一是抛锚停泊，即将船锚投入水中，使船停稳。二是系缆停泊，即将船舶用缆绳系在码头边上。前者多用于港外锚地，后者多用于港内锚地。

11. 水上服务区

高速公路服务区大家都知道，那是给过往车辆修整和司乘人员休憩的地方。但你听说过水上服务区吗？与高速公路服务区类似，水上服务区就是设置在航道沿线，为过往船舶和船员提供锚泊和补给服务之所。

水上服务区

12. 通航建筑物

在水流落差较大的航道上，人类修建了一系列闸坝来增加通航水深，在这些闸坝巧妙地控制下，原本自然流淌的河流被塑造成仿佛一级级相互衔接的水上阶梯。在闸坝上需设置通航建筑物，帮助船舶克服水面的阶梯式落差，安全通行。常见的通航建筑物主要为船闸和升船机两种类型。

船闸

船闸通船过程

船闸是厢形构筑物，利用连通器原理，通过调整闸室水位使船舶垂直升降。船闸通常由上、下游引航道与上、下游闸首连闸室组成。船舶通过船闸从下游驶往上游的过程如下：

（1）关闭上游闸门、阀门，打开下游阀门，闸室和下游水道构成了一个连通器。

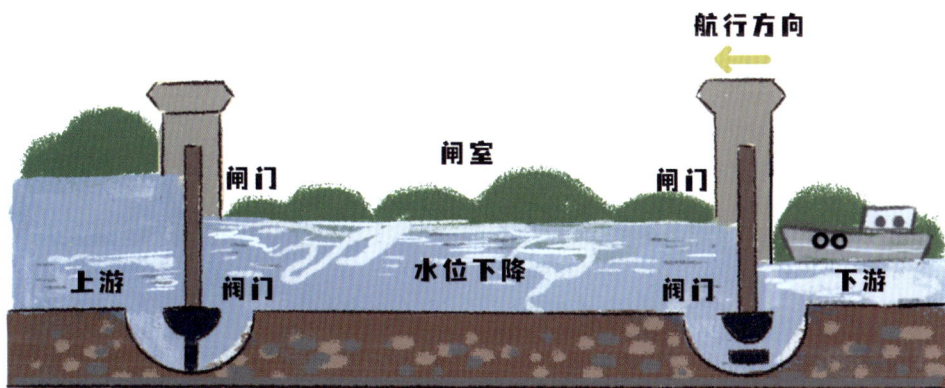

（2）闸室水面下降到和下游水面相平后，打开下游闸门，船驶入闸室。

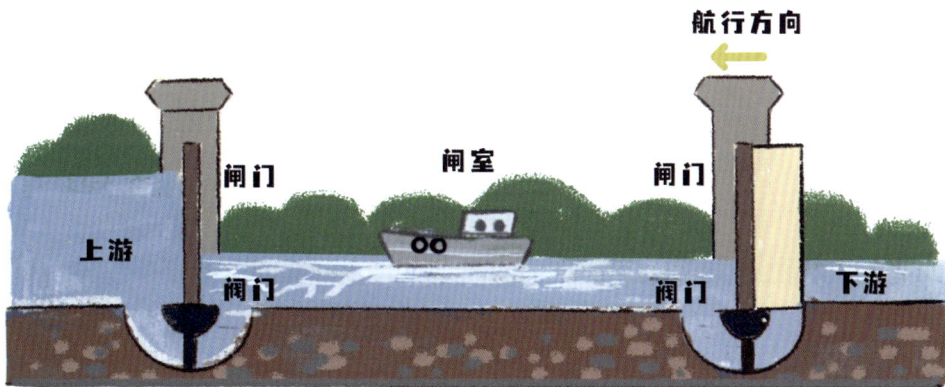

（3）关闭下游闸门、阀门，打开上游阀门，闸室和上游水道构成了一个连通器。

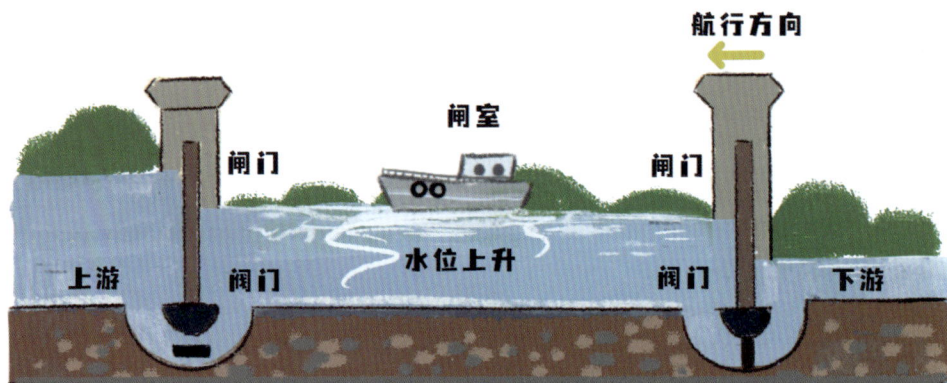

（4）闸室水面上升到与上游水面齐平后，打开上游闸门，船驶向上游。

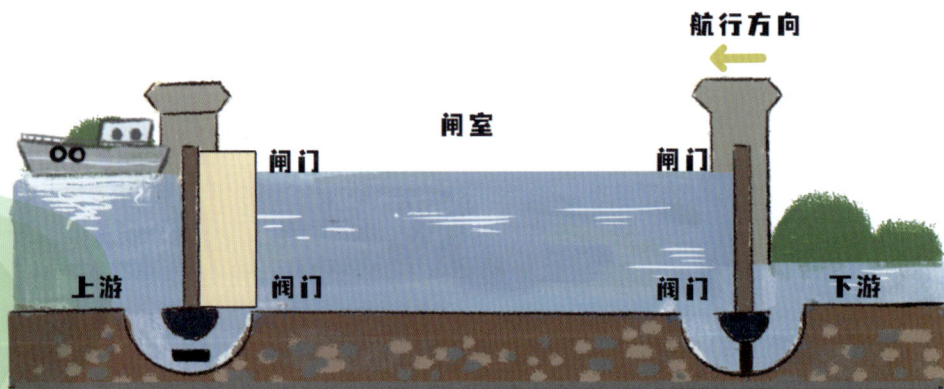

升船机通船过程

　　升船机类似于人类乘坐的电梯，是利用机械设备升降承船厢、实现船舶上下的设施。升船机通常由上、下闸首，承船厢，支承导向结构和驱动装置等组成。船舶通过升船机从下游驶往上游的过程如下：

　　（1）船舶从下游驶入，停靠在升船机承船厢前。

　　（2）打开承船厢下游端的门，船舶驶入承船厢。

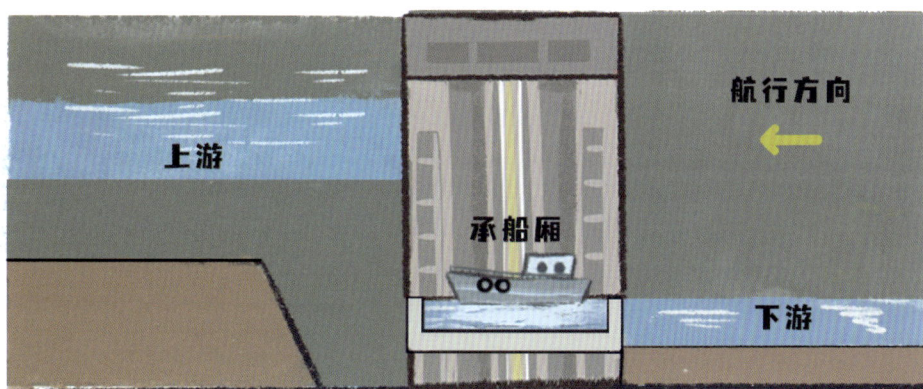

（3）在升船机驱动装置作用下，承船厢开始上升。

（4）打开承船厢上游端的门，船舶驶向上游。

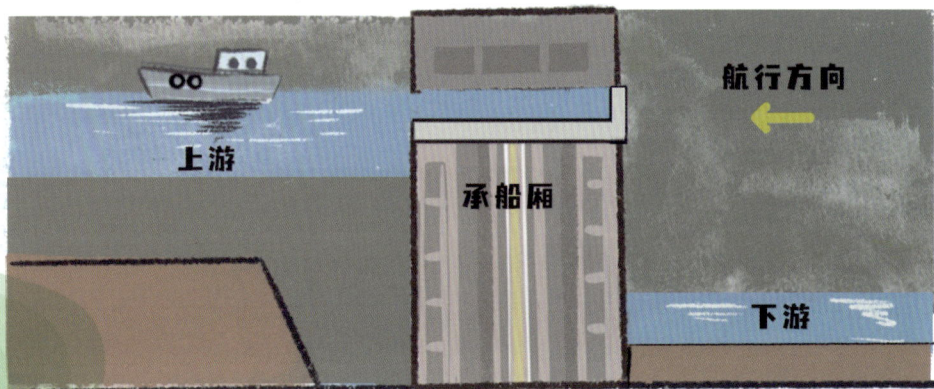

13. 整治建筑物

在航道上，人类建造各类航道整治建筑物来调整航道的水流、稳定河槽，以改善航道航行条件。航道整治建筑物主要有护岸、丁坝、顺坝、锁坝、潜堤等。

丁坝：坝根与河岸连接，坝头伸向河心，与河岸构成丁字形的建筑物；起束窄河床、导水归槽、调整流向、改变流速、保护堤防等作用。

江心洲

坝根

锁坝：又称堵坝，两端坝根嵌入河岸或江心洲、拦截河流汊道的建筑物；起封堵狭窄支汊、增加主汊水流量或抬高河段水位的作用。

安全篇

"水能载舟，亦能覆舟。"水上安全教育是永恒的主题，我们在享受航道带来便利的同时，对于安全问题也不能掉以轻心。本篇为大家讲述水上交通安全相关内容，旨在增强水上交通安全意识，提高自身安全防范能力。

14. 水上交通事故种类与危害

水上交通事故种类

水上交通事故是指船舶在航行、停泊、作业过程中发生的造成人员伤亡、财产损失、水域环境污染损害的事件。

常见的水上交通事故主要有碰撞事故，搁浅事故，触礁事故，触碰事故，浪损事故，火灾、爆炸事故，风灾事故，自沉事故，操作性污染事故，其他引起人员伤亡、直接经济损失或者水域环境污染的水上交通事故。

水上交通事故危害

水上交通事故一旦发生，不但可能造成人员伤亡、经济损失，有些事故还会带来严重的环境污染。

水上交通事故按照人员伤亡、直接经济损失或者水域环境污染情况，分为一般事故、较大事故、重大事故、特别重大事故4个等级。

小贴士：水上交通事故救援难度与危险性远大于一般的陆上救助，特别是在遇险信息不明、恶劣天气、水域复杂情况下。同时，水上救助对时效性要求也高，是一项生命与时间赛跑的工作。在处理水上交通事故时，相关部门应根据事故的等级和具体情况，采取相应的应急救援措施，确保事故得到及时、有效地处理，最大限度地减少人员伤亡和财产损失，保护水域环境。

15. 水上交通事故发生的原因

　　水上交通事故具有动态性、复杂性和不确定性等特点，人员、船舶、环境等诸多因素都会导致事故的发生。

　　人员因素：船员实操技术不合格，如不熟悉船舶的性能导致错误操船；或工作上疏忽、不负责任，如不按规定瞭望、不按规定操船等，都可能导致水上交通事故发生。

操作不当

船员操作不当引发事故

船舶因素： 船舶自身结构设计存在问题、建造质量存在缺陷，或在运输过程中存在货物配载和绑扎不当等情况，都可能导致水上交通事故发生。

船舶装载不当引发事故

环境因素：突遇大风、大雾、暴雨等恶劣天气，途经弯曲、急流等航段，以及桥梁、架空管线、水下管道等水域，均可能导致水上交通事故发生。

自然因素（大风）引发事故

16. 禁止危害航道通航安全的行为

为保障航道安全通畅，《中华人民共和国航道法》第三十五条规定了五种禁止危害航道通航安全的行为。

（1）禁止在航道内设置渔具或者水产养殖设施

（2）禁止在航道和航道保护范围内倾倒砂石、泥土、垃圾以及其他废弃物

（3）禁止在通航建筑物及其引航道和船舶调度区内从事货物装卸、水上加油、船舶维修、捕鱼等，影响通航建筑物正常运行

（4）禁止危害航道设施安全

（5）禁止其他危害航道通航安全的行为

17. 水上交通安全典型案例与警示

案例一：船撞桥事故

2024年，某多用途船航行途中，因船员操作失当，船身撞击某大桥桥墩，致使桥面坍塌。多辆过桥车辆先后坠落，造成多人伤亡。

船撞桥事故

⚠️ **案例警示：** 为避免该类事故发生，船员在桥区水域航行时应保持精神高度集中，充分考虑水流、风等因素操纵船舶，按照桥梁及水域助航标志和警示标志的指引通过，确保航行安全。

2023年，某散货船因违规重大改装导致船舶安全运营存在隐患，在某次航行途中，突发弯折坐沉航道。

沉船事故

⚠ **案例警示：**为避免自沉事故发生，从事货物或者旅客运输的船舶，必须符合船舶强度、稳性、吃水、消防和救生等安全技术要求和交通运输主管部门规定的载货或载客条件，应当依法定期进行安全技术检验。

案例三：违法偷排偷倒行为

2023年，某地执法部门抓获多艘向航道偷倒泥土的运泥船和工程船，多名涉案人员被公安机关刑事拘留。

船舶违法偷排偷倒

⚠️ **案例警示：** 向航道偷排泥浆、渣土等违法行为，不仅影响通航安全和行洪安全，也会破坏水环境和水生态质量。生活中，我们应积极参与社会监督，发现向航道偷排砂石、泥土、垃圾以及其他废弃物等违法行为，要及时向附近港航管理部门举报。

案例四：擅自开展水上活动

2024年，某位水上运动爱好者未经批准擅自在通行航道上开展水上运动，对往来船舶航行造成一定影响。该地执法部门对当事人进行了约谈，批评教育的同时作出罚款处罚。

擅自开展水上活动

⚠️ **案例警示：** 未经批准擅自在通航水域内开展水上活动，极易发生人身安全事故。《浙江省水上交通安全管理条例》规定，用于漂流、游乐等水上活动的竹筏、橡皮艇、摩托艇、水上自行车、脚踏船、水上气球等不得超越划定的水域范围活动。

18. 水上遇险应急逃生常识

水上交通出行时，如果发生水上交通事故，应注意哪些应急逃生要点呢？

（1）及时发出求救信号

在水上，船舶一旦发生碰撞、触礁、搁浅、漂流、失火等

水上搜救电话 12395

灾难事故或遇人员落水、突发疾病，需要救助的，可拨打12395向水上搜救中心报警或求救。

同时，可通过甚高频双向无线电话（VHF）、应急无线电示位标、搜救雷达应答器等发射求救信号。

发出求救信号

（2）正确穿戴救生衣

正确穿戴救生衣是守护船上人员生命安全的最后一道防线。穿着前应检查救生衣有无损坏，缚带是否完好；穿着时，应先将头套进救生衣内，将缚带拉到身前，把带子打死结，扣子等扣牢，以免入水时受到冲击或漂浮较长时间而使救生衣松开。

正确穿戴救生衣

（3）学会使用救生艇

为了保证船员和旅客的安全，船舶必须配置各类救生设备，救生艇就是其中的一种。当船舶遭遇紧急情况需要弃船求生时，船员和旅客可以利用救生艇脱离遇险船舶，从而进行自救和等待救援。

学会使用救生艇

发展篇

悠悠航道，流淌着光辉灿烂的历史文化，蕴含着中华民族悠远绵长的文化基因。在古代，航道串联和滋养了各具特色的地域文化；在当代，航道承载着重要的国家战略。让我们一起，携手描绘内河航道高质量发展的新篇章吧！

19. 保护传承

航道文化历史悠久，底蕴深厚，博大精深。在新的时期，我们要在保护好、传承好、利用好航道上下功夫，为沿线区域经济社会发展、人民生活改善创造有利条件。

航道上的古今对话

20. 智能航道

在信息技术快速发展的今天，航道也融入了先进的科技元素，变得更加智能、高效、安全。例如，我们开车出行时，地图导航软件带来了极大便利。而在水上，船员也用上了内河船舶导航系统，让航行不再迷路。

内河船舶导航系统

21. 绿色航道

在倡导人与自然和谐共生的今天，航道不仅是连接水域的通道，更是人与自然和谐相处的生态绿色走廊。船舶在航行中产生的各类垃圾和污水，应妥善处理后上岸回收，保持航道水环境的清洁。

内河船舶水污染物接收处置

22. 美丽航道

"修一条航道，造一片水景，活一方经济，富一方百姓。"下面让我们一起欣赏浙江省的美丽航道图景吧！

钱塘江：杭州市初步形成以钱塘江为中轴的市域"拥江发展"格局。钱塘江融入城市发展，成为杭州市建设独特韵味、别样精彩世界名城的重要展示带。

京杭大运河：将大运河的历史底蕴、人文价值、自然风情与沿岸水乡古镇串联一体，构建一幅"取景于历史、还景于未来"的美丽示范带。

杭平申线：中国"小莱茵河"。杭平申线沿线展现了浙江乡村田野风貌、现代生活风貌以及工业产业风貌，景观错落有致。

梅湖线：沿线地域复原了"江南鱼米之乡"历史场景。梅湖线推动了美丽乡村建设和交旅融合发展，展现了"西塞山前白鹭飞"景观。

嘉兴南湖：打造新时代"重走一大路"航线，全景重现中共"一大"嘉兴南湖会议重要节点。带领人们穿越历史，沿着中国共产党人的足迹重温初心。

瓯江流域：依托名山胜景、江河湖溪、古城古村、特色非遗等资源空间，营造了"诗中有景，景中有诗"的无限风光。